# ULYSSES S. GRANT

La reconstrucción del sur de Estados Unidos

Por Pierre-Jean Delvoye
En colaboración con Christophe Maggi
Traducido por Laura Soler Pinson

Historia en50MINUTOS.es

**ULYSSES SIMPSON GRANT**     1

**BIOGRAFÍA**     3

Infancia y educación
En tiempos de guerra
La presidencia

**CONTEXTO POLÍTICO, SOCIAL Y ECONÓMICO**     11

En el plano político
En el plano económico
En el plano de las relaciones internacionales

**MOMENTOS CLAVE**     19

La llegada al poder
Las elecciones presidenciales de 1868
El primer mandato (1869-1873)
El segundo mandato (1873-1877)

**REPERCUSIONES**     30

**EN RESUMEN**     32

**PARA IR MÁS ALLÁ**     36

# ULYSSES SIMPSON GRANT

- **¿Nacimiento?** El 27 de abril de 1822 en Point Pleasant (Ohio).
- **¿Muerte?** El 23 de julio de 1885 en Wilton (Nueva York).
- **¿Partido político?** Partido Republicano.
- **¿Fechas de las elecciones?**
  - El 3 de noviembre de 1868.
  - El 5 de noviembre de 1872.
- **¿Duración de los mandatos?** Ocho años.
- **¿Principales aportaciones?**
  - El apoyo a la puesta a punto de los derechos cívicos de los negros y de los amerindios.
  - La continuación de la política de reconstrucción.
  - Los primeros intentos de reforma de la función pública.

¿Puede un hombre acceder a las más altas funciones de su país sin haberse preparado durante años? La vida de Ulysses Simpson Grant pretende responder a esta pregunta. Si bien se le describe como un hombre leal, íntegro y moderno en su liderazgo, dispone de ciertas cualidades que guiarán su acción en su vida profesional y que, a veces, lo llevarán a mostrar cierta ingenuidad en algunos ámbitos.

Ulysses Simpson Grant, héroe de la guerra de Secesión (1861-1865), entra en política con una visión clara a largo plazo, a pesar de que no domina todos los códigos. Este personaje, que alcanza una gran popularidad, es elegido decimoctavo presidente de Estados Unidos en 1868, sin tener una experiencia real en el ejercicio del poder, y resulta reelegido en

1872. Sus mandatos se ven marcados sobre todo por la continuación de la política de reconstrucción del sur, necesaria tras la guerra de Secesión, por las tensiones sociales y por los problemas económicos. También aparecerán algunos escándalos que empañarán su presidencia.

Al final de su vida, vive algunos reveses en política y en los negocios, y dedica su tiempo libre a redactar sus memorias, que actualmente se consideran un clásico de la literatura estadounidense y militar.

# BIOGRAFÍA

Retrato de Ulysses S. Grant.

# INFANCIA Y EDUCACIÓN

El 27 de abril de 1822, Jesse Root Grant (1794-1873), un comerciante de pieles, y Hannah Simpson Grant (1798/1799-1883) se convierten en padres de Hiram Ulysses Grant en Point Pleasant. La educación que recibe el joven de mano de sus padres, metodistas (movimiento protestante que predica el final de la sociedad colonial) y defensores de las ideas abolicionistas, tendrá una influencia fundamental en el desarrollo ideológico del futuro presidente.

Ante la presión de su padre y con ayuda del representante de Ohio, Thomas Lyon Hamer (1800-1846), ingresa en la academia militar de West Point. Durante su inscripción en el registro, el diputado comete un error en su nombre y escribe «Ulysses S. Grant». Para él, esa «S», que remite al apellido de soltera de su madre, no significa nada, puesto que esta siempre se ha mostrado indiferente hacia él, pero no se ofende por ello. De hecho, sus iniciales (US) le valen el apodo de «Sam», en referencia al tío Sam.

### EL TÍO SAM

El uso de la expresión «el tío Sam», *uncle Sam*, para designar a Estados Unidos proviene de las iniciales de United States of America, «US Am». Otra hipótesis aparece en la referencia a Samuel Wilson (1766-1854), proveedor de carne del ejército estadounidense. El producto se transportaba en barriles —cuya propiedad correspondía a Estados Unidos—, marcados con un «U. S.». Por consiguiente, los soldados bromeaban afirmando que se trataba de las iniciales del tío Sam.

Aunque no muestra ningún interés por la vida militar, demuestra sus cualidades excepcionales como jinete, e incluso llega a establecer un récord de salto de obstáculos que se mantendrá intacto durante veinticinco años. Tras haber alcanzado el puesto 21.º de treinta y nueve estudiantes, abandona West Point con gran alegría. A continuación, se le destina a Jefferson Barracks Military Post, un cuartel militar situado cerca de San Luis (Misuri), con el rango de subteniente responsable del abastecimiento.

## EN TIEMPOS DE GUERRA

Entre 1846 y 1847, Ulysses Simpson Grant participa en la guerra de Estados Unidos-México que considera injusta, dado que el único objetivo de este conflicto es desarrollar la esclavitud en el oeste, en su opinión. Destaca por su talento como jinete durante la batalla de Monterrey (21-23 de septiembre de 1846) y en la batalla de Chapultepec (septiembre de 1847), donde logra desplegar un obús en un campanario.

Ilustración de la batalla de Monterrey, en 1846.

Sin embargo, se le acusa injustamente de ser el responsable de las cuantiosas pérdidas sufridas, pero finalmente será absuelto. También durante este conflicto Ulysses Simpson Grant descubre el don de mando y saca muchas lecciones de sus interacciones con el general mayor Zachary Taylor (futuro presidente de Estados Unidos, 1784-1850).

## <u>La guerra de Estados Unidos-México</u>

La guerra de Estados Unidos-México marca la oposición en el Congreso entre los demócratas del sur por una parte, que ven en la expansión territorial de Estados Unidos —en particular hacia el suroeste— la posibilidad de ampliar su economía basada en el régimen de la esclavitud, y los abolicionistas nordistas por otra, que ven con malos ojos la difusión de esta práctica y los problemas de competencia que genera. En el plano internacional, el conflicto marca la aplicación del «destino manifiesto» del pueblo estadounidense para ocupar el territorio actual de Estados Unidos. En 1845, Texas se incorpora a Estados Unidos y, a continuación, los estadounidenses intentan comprar California y Nuevo México. Pero en 1846 se producen distintos acontecimientos —criticados— cerca de la frontera de Estados Unidos con México que provocan, el 13 de mayo, la declaración de guerra de Estados Unidos.

Tras una decena de batallas, todas ganadas por los estadounidenses, la guerra acaba con la toma de Ciudad de México y con la capitulación del presidente Antonio López de Santa Anna (1794-1876) el 17 de septiembre de 1847. El 2 de febrero de 1848, el Tratado de Guadalupe Hidalgo aprueba la cesión de California y de Nuevo México, así como el reconocimiento por parte de México de la integración de Texas en Estados Unidos a cambio del pago de quince millones de dólares y el abandono de ciertas deudas.

Entre 1848 y 1853, Ulysses Simpson Grant no encuentra su lugar en el ejército, a pesar de tener el rango de capitán, y acumula los problemas financieros y profesionales. En 1854, tras unos rumores sobre su alcoholismo, se ve obligado a dimitir, aunque sigue conservando su honor, ya que no se ha podido encontrar ninguna prueba formal. No obstante, el regreso a la vida civil resulta difícil. Ulysses Simpson Grant intenta dedicarse a distintas actividades, como la gestión de una sucursal de la curtiduría de su padre en Illinois, la agricultura en las tierras de su suegro o, incluso, la recaudación de impuestos con un primo de su esposa, pero nunca con mucho éxito.

En 1861, el país se ve sacudido por una nueva guerra en la que norte y sur se desgarran. El 12 de abril, algunos grupos armados atacan Fort Sumter (Carolina del Sur), lo que provoca la secesión de los estados del sur, que se unen para formar los Estados Confederados de América. Ulysses Simpson Grant participa en el conflicto como reclutador en Illinois y, con el apoyo del representante Elihu Benjamin Washburne (1816-1887), es ascendido a coronel y, a continuación, a brigadier general. Destaca en distintas campañas y batallas, como las de Vicksburg (18 de mayo-4 de julio de 1863) y Chattanooga (23-25 de noviembre de 1863).

Ilustración de la batalla de Vicksburg, en 1863.

Por consiguiente, cuando Abraham Lincoln (hombre de Estado estadounidense, 1809-1865) observa con decepción las acciones de sus generales jefe durante la batalla de Gettysburg (1-3 de julio de 1863), los despide y nombra a Ulysses Simpson Grant teniente general, concediéndole también el título de comandante de todos los ejércitos de la Unión. Este último desarrolla un estilo de mando estratégico muy innovador para la época, basado en la supervisión y en la determinación. En marzo y abril de 1865, los ejércitos federados derrotan a los ejércitos confederados con la toma de Petersburg y de Richmond. El 9 de abril de 1865, firma la capitulación sudista con el general Robert Edward Lee (1807-1870) en Appomatox.

## LA PRESIDENCIA

La popularidad de Ulysses Simpson Grant es tal que cuando Andrew Johnson (1808-1875) sucede a Abraham Lincoln —que acaba de ser asesinado—, este decide remplazar a su secretario de Guerra por Ulysses Simpson Grant, en contra de la opinión del Congreso y a pesar de sus numerosos desacuerdos. No obstante, ocupa este cargo temporalmente, ya que su predecesor vuelve a su puesto rápidamente.

Esa notoriedad que acaba de adquirir le permite ganar las elecciones de 1868 y prolongar su mandato en 1872. Aunque su presidencia se ve marcada por escándalos y por corrupción, de esa primera «época dorada» estadounidense (Gilded Age) destaca sobre todo la continuación de la política de reconstrucción del sur, el apoyo a los derechos cívicos de los negros, la lucha contra las persecuciones de los antiguos esclavos y algunos éxitos en política exterior.

Tras las elecciones de 1876, se retira de la política para dar una vuelta al mundo, y se le recibe como si fuera un jefe de Estado en muchos países europeos y asiáticos. A su regreso a Estados Unidos, intenta erigirse como candidato republicano para las elecciones presidenciales de 1880, pero no lo logra. Entonces, se lanza en los negocios con poco éxito. Finalmente, la escritura lo llevará a la cumbre: primero, redacta artículos y, después, sus memorias, que termina en julio de 1885, poco antes de su fallecimiento. Esta obra importante, centrada en su carrera militar y a menudo comparada con los *Comentarios de la guerra de las Galias* de Julio César (hombre de Estado romano, 100/101-44 a. C.), garantiza a su viuda y a sus hijos unos confortables ingresos.

# CONTEXTO POLÍTICO, SOCIAL Y ECONÓMICO

Tras la guerra de Secesión, se inicia una política de reconstrucción de los estados del sur, que desemboca sobre todo en la reintegración territorial, administrativa y política de los estados secesionistas en la Unión. A este periodo turbulento le sigue lo que los escritores estadounidenses Charles Dudley Warner (1829-1900) y Mark Twain (1835-1910) califican como la «edad de oro», que se extiende de 1870 a 1900.

## LA RECONSTRUCCIÓN

El periodo de reconstrucción del sur, que empieza en 1863 con la emancipación de los esclavos y se acaba en 1877, tiene como objetivo la reintegración de los once estados secesionistas dentro de la Unión, asegurando en ellos la aplicación de los derechos cívicos y de las leyes adoptadas en este sentido. Abarca a tres presidentes:

- Abraham Lincoln;
- Andrew Johnson;
- Ulysses S. Grant.

En este contexto, aparecen las ligas supremacistas blancas del sur, en especial el Ku Klux Klan, que Ulysses Simpson Grant manda disolver en 1871. Estas se oponen con violencia a la ocupación militar de los estados sudistas a manos de los ejércitos de la Unión, así como a las coaliciones formadas por hombres venidos del norte (apodados los *carpetbag-gers*, literalmente «los que llevan un saco», porque daban la impresión de querer aprovecharse de la posguerra), por hombres del sur que apoyaban la reconstrucción (los *scalawags*) o también por esclavos liberados, que se sitúan todos bajo la bandera del Partido Republicano para formar gobiernos.

Imagen de miembros del Ku Klux Klan vestidos con los típicos trajes que llevaban y quemando una cruz.

# EN EL PLANO POLÍTICO

## Un mundo político en crisis

Después de la guerra, la expansión económica y la desconfianza que sufren los políticos provocan una auténtica parálisis. La mayoría en la Cámara de los Representantes —una de las dos asambleas que forma el Congreso, junto con el Senado— cambia seis veces en los once mandatos que van de 1869 a 1891. Así, a excepción del único presidente demócrata de este periodo, Grover Cleveland (1837-1908), los mandatarios que suceden a Ulysses Simpson Grant son descritos como «presidentes olvidables» (*forgettable presidents*), por su pérdida de influencia a favor del Congreso y del mundo de los negocios. En un contexto similar, intenta surgir un sistema tripartidario con la aparición periódica y ocasional de pequeños partidos que se posicionan en cuestiones relativas a la prohibición, a los sindicatos e, incluso, a los agricultores.

Aunque los federados nordistas han ganado la guerra de Secesión y los republicanos han impuesto su bagaje ideológico, sobre todo en lo que respecta a la abolición de la esclavitud, parecen difíciles la reconstrucción y la defensa de los derechos cívicos de los antiguos esclavos, dada la influencia política y económica de los antiguos esclavistas demócratas en los estados del sur. No obstante, a pesar de la urgencia de la situación, los partidos demócrata y republicano se oponen sobre todo en cuestiones morales y sociales, más que en los retos económicos o en la ruptura étnica y religiosa. Sin embargo, estos temas no caen totalmente en el olvido, ya que ambos partidos no logran ponerse de acuerdo en lo que respecta a las cuestiones relativas a la moneda y a los aranceles aduaneros. Los republicanos se muestran a favor de unos aranceles aduaneros elevados para ayudar a la industria estadounidense en el mercado interior, mientras que los demócratas desean limitar los gastos del sector agrícola, que representa en torno al 75 % del comercio exterior estadounidense de la época.

## El Partido Republicano y el Partido Demócrata

El Partido Republicano encuentra sus raíces ideológicas y doctrinales en el puritanismo y recurre a códigos morales estrictos, tanto a nivel político como social. Sus valores provienen de la clase media llamada «wasp» (acrónimo de *white anglo-saxon protestants*, es decir, los «protestantes anglosajones blancos» que dicen descender de los primeros colonos que llegaron desde Europa), como la moderación y un cierto conformismo moral. Por otra parte, el partido desarrolla la doctrina del *identity-of-interest*, según la cual el pueblo debe aceptar su posición social en la medida en la que las clases sociales adineradas saben lo que es mejor para el país. Recibe el respaldo del mundo de los negocios, de los estados del Medio Oeste y de las pequeñas ciudades rurales del noreste, así como un apoyo masivo de los afroamericanos, fundamentalmente por la acción y el recuerdo de Abraham Lincoln. También puede contar con el aval de los veteranos de la guerra de Secesión, sobre todo gracias a la GAR (Grand Army of the Republic), una poderosa asociación fraternal que agrupa a varios cientos de miles de los suyos. También es en esta época cuando las ideas prohibicionistas se extienden por el Partido Republicano. No obstante, estallan luchas internas en los años 1870 y 1880, lo que lleva al bloqueo del partido.

Por su parte, el Partido Demócrata está formado por grandes terratenientes sudistas y nuevos inmigrantes, en particular católicos (sobre todo, irlandeses) y luteranos (principalmente alemanes), presentes en los grandes centros industriales del norte y del Medio Oeste. Estos inmigrantes encuentran en este partido una voluntad de igualdad social y visiones morales y religiosas más flexibles y más ajustadas a su estatus particular.

## Las reformas de la función pública

El final del siglo XIX se ve marcado por el sistema de patrocinio, en el que los puestos de funcionarios no se atribuyen por méritos o por oposición, sino por respaldo político. Así, se llega a una corrupción generalizada y a «retrocomisiones» de los agentes en el partido que los han nombrado, permitiendo la financiación de campañas electorales, entre otras cosas. Este principio adquiere todavía más relevancia, dado que los servicios públicos se extienden a nuevas áreas de actividad variadas, como correos, la educación, las pensiones o el derecho laboral. Para intentar solucionar esta problemática, se ponen a punto varios intentos de reforma de la función pública. El más destacable es la Pendleton Civil Service Reform Act (1883), aprobada bajo la presidencia de Chester Alan Arthur (1830-1886). Esta ley federal establece un conjunto de reglas y de medidas cuyo objetivo es atribuir los cargos públicos según los méritos, sobre la base de las propuestas de la Civil Service Commission, encargada de gestionar los exámenes de contratación de los puestos «clasificados» —dado que los otros siguen sometidos al *spoil system* («clientelismo», que consiste en situar a partidarios del gobierno en ciertos puestos) y al patrocinio—. En 1884, el 10 % de los empleos son «clasificados», contra el 90 % de principios de los años 1980. Así, esta medida anima a los partidos a dirigirse hacia nuevas fuentes de financiación, sobre todo, hacia las grandes empresas.

## EN EL PLANO ECONÓMICO

En el plano económico, el periodo de la época dorada empieza tras la guerra de Secesión, en 1865, y se extiende durante el periodo de reconstrucción y la crisis de 1873-1877.

Esta época, eufórica y próspera, se ve marcada por el crecimiento más rápido de la historia estadounidense en los planos económico, industrial y demográfico. En los años 1870, el PIB de Estados Unidos crece a una tasa media neta del 6,8 %, mientras que en 2013 era de un 4,6 %. Además, se observa el auge de la industria de las metrópolis del noreste y el ascenso de temibles financieros, como John Davison Rockefeller (1839-1937), Andrew Carnegie (1835-1919) o John Pierpont («J. P.») Morgan (1837-1913).

Estos personajes, a los que se apoda los barones ladrones (*robber barons*) tras sus numerosos abusos de poder, concentran poco a poco la mayor parte de los medios de producción y del capital. Entonces, para dar fluidez al mercado y poner en peligro sus posiciones casi monopolísticas en muchos sectores cruciales, se implementan las primeras leyes antimonopolísticas, como la famosa Sherman Antitrust Act de 1890, entre otras, que prohíbe en particular los acuerdos ilegales que puedan obstaculizar el comercio.

No obstante, estos riquísimos magnates son un ejemplo de filantropía para las clases más adineradas del país. Se construyen muchos hospitales, escuelas, universidades, museos, etc. con el impulso de las asociaciones caritativas que apoyan. Cabe destacar que, además de la operación publicitaria y mercadotécnica que representan tales inversiones, una generosidad de este calibre también permite canalizar las posibles protestas sociales.

Con la época dorada, también surgen y crecen rápidamente fábricas, minas, bancos, comercios familiares y, sobre todo, medios de comunicación (ferrocarriles, barcos de vapor), que facilitan los desplazamientos en un territorio cada vez más grande y permiten la migración de los trabajadores. No obstante, este periodo próspero se termina con el episodio llamado el «pánico de 1873», provocado por la quiebra de los bancos que habían especulado con los ferrocarriles, las minas y los cultivos. La crisis que deriva de ese acontecimiento dura seis años.

## EN EL PLANO DE LAS RELACIONES INTERNACIONALES

A finales del siglo XIX, Estados Unidos es esencialmente aislacionista y se concentra en su política interior.

No obstante, durante la época dorada, se pone a punto y desarrolla la doctrina del presidente James Monroe (1758-1831), que condena todo intervencionismo europeo en el continente y toda injerencia estadounidense en los asuntos de Europa. Con esta medida, se pone punto final a las pretensiones coloniales europeas en suelo estadounidense, interpretando cualquier paso dado en este sentido como una agresión contra Estados Unidos. Francia, bajo el Segundo Imperio de Napoleón III (1808-1873), aprende la lección al intentar instaurar en México un poder imperial a su favor entre 1862 y 1866.

Sin embargo, en los años 1870 y 1880, Estados Unidos interviene en América Latina para mediar en ciertos desacuerdos. En este momento, nacen las primeras visiones imperialistas estadounidenses.

# MOMENTOS CLAVE

## LA LLEGADA AL PODER

El presidente Andrew Johnson, que precede a Ulysses Simpson Grant en la Casa Blanca, se muestra poco hábil en la gestión del periodo que sigue a la guerra de Secesión. De hecho, este habla de «restauración» más que de «reconstrucción» en los estados del sur. En mayo de 1865, promulga la amnistía con la que se liberan todos los oficiales sudistas blancos de alto rango, pero sugiere limitar el derecho de voto de los negros en la región. Irritado por esta decisión, Ulysses Simpson Grant, ascendido a general de los ejércitos de Estados Unidos, considera que debe mantenerse la presencia militar en el sur y, para ello, hay que colaborar con la Oficina de los Emancipados (Freedmen's Bureau), para proteger a los antiguos esclavos. No obstante, Andrew Johnson rechaza la idea, pero la Cámara de los Representantes apoya al general en ese sentido y aprueba veintitrés leyes que refuerzan la Oficina de los Emancipados, así como la Civil Rights Act de 1866, que protege los derechos de todos los ciudadanos estadounidenses, independientemente de su color de piel o de su antiguo estatus de esclavo. Dos años más tarde, esta ley estará en la raíz de la decimocuarta enmienda, que garantiza la ciudadanía de cualquier persona nacida en el territorio estadounidense. En 1867, la Cámara también aprueba dos Military Reconstruction que sitúan a un general a la cabeza de los estados «rebeldes», reunidos en distritos militares, con la excepción de Tennessee, que rápidamente adopta la decimocuarta enmienda para que se aplique el derecho de la Unión y, en particular, los derechos cívicos. Andrew Johnson, que desea apartar a Ulysses Simpson Grant, intenta enviarlo a México, pero el general no acepta su destino. El Congreso, exasperado por la política y la actitud del presidente, aprueba la Tenure of Office Act —ley que será abolida en 1887—, que impide que el presidente revoque al titular de un cargo público sin la aprobación del Senado.

Andrew Johnson, que observa la popularidad de Ulysses Simpson Grant, decide remplazar en 1867 a su secretario de Guerra, Edwin McMasters Stanton (1814-1869), por Grant, que acepta el encargo a regañadientes. Con esta maniobra, el presidente quiere que repercuta en él la notoriedad del general y desea comprometer a un posible contrincante que se ha unido al bando de los republicanos radicales. Pero lo hace fuera de las sesiones del Congreso. Por consiguiente, cuando esta cámara se reúne de nuevo, le devuelve el cargo a Edwin McMasters Stanton. No obstante, Andrew Johnson cree que ha alcanzado sus objetivos, ya que en enero de 1868 la prensa, a favor del antiguo secretario de Guerra, muestra un rencor particular hacia Ulysses Simpson Grant y vitupera su «traición». Pero esta polémica tendrá el efecto contrario e incluso llegará a reforzar la popularidad del general, que defiende su postura en una carta abierta al presidente.

## LAS ELECCIONES PRESIDENCIALES DE 1868

Gracias a su popularidad, Ulysses Simpson Grant es elegido candidato en la convención republicana de 1867 en la primera vuelta de las elecciones. A su lado se encuentra el representante de Indiana, Schuyler Colfax (1823-1885), que se presenta como candidato a la vicepresidencia. Por su parte, los demócratas eligen en la vigesimosegunda vuelta de las elecciones al gobernador del estado de Nueva York, Horatio Seymour (1810-1886).

De acuerdo con las prácticas de la época, pero seguramente también por la escasa propensión a hacerlo él, Ulysses Simpson Grant no hace campaña personalmente y deja que sus partidarios se ocupen de ello. Así, la campaña republicana se centra en torno a la *bloody shirt* («camisa ensangrentada»), que remite a la guerra que acaba de terminar y que tiene como objetivo despertar las pasiones y centrar la atención en la reconstrucción del sur y en torno a la personalidad y a los comentarios racistas del candidato vicepresidente demócrata, Francis Preston Blair Junior (1821-1875).

Por su parte, los demócratas deciden concentrarse principalmente en su deseo de acabar con la reconstrucción y no dudan en criticar los derechos de los negros. Pero al no querer devolverles el poder a los plantadores blancos del sur, pierden el apoyo de muchos demócratas nordistas.

Así, con el 52,7 % de los votos y el apoyo de 214 grandes electores contra 80, Ulysses Simpson Grant gana el voto popular. A sus 46 años, se convierte en el presidente más joven de la historia del momento.

# EL PRIMER MANDATO (1869-1873)

## La política de la reconstrucción del sur

Ya desde su primer mandato, Ulysses Simpson Grant rompe con la tradición:

- para empezar, no desea que el presidente saliente, Andrew Johnson, lo acompañe durante su investidura. Por ello, este último decide no asistir;
- a continuación, para mantener una unidad nacional y evitar las disputas dentro del partido, no escoge a los miembros de su Gobierno de entre los directivos del Partido Republicano;
- para acabar, forma su gabinete sin consultar al Congreso y solo comunica sus decisiones cuando recibe la aprobación del Senado.

Después, decide continuar la política de reconstrucción del sur y, en 1870, todos los estados confederados son admitidos de nuevo en la Unión.

Ese mismo año, hace que el Congreso apruebe las Enforcement Acts, que condenan las privaciones de los derechos cívicos y autorizan el recurso a la fuerza para salvaguardarlos. Sobre esta base, ordena el arresto de los miembros del Ku Klux Klan en mayo de 1871, lo que permite que se celebren elecciones en el sur donde la participación de los negros bate récords. En 1872, firma el Amnesty Act, que devuelve sus derechos cívicos a los antiguos confederados. No obstante, surgen nuevos grupos conservadores y supremacistas violentos, como los Red Shirts o la White

League, que esta vez actúan públicamente.

En el sur, la situación sigue siendo tensa, pero los escándalos y la crisis económica permiten a Ulysses Simpson Grant evitar el uso de la fuerza con demasiada frecuencia. Por otra parte, gracias a su secretario de Estado, Hamilton Fish (1808-1893), encuentra una solución diplomática para el conflicto que opone la Unión al Reino Unido, que había apoyado en secreto a los confederados construyendo y armando cinco embarcaciones, como el CSS Alabama, a pesar de la ley sobre la neutralidad británica. Este asunto, comúnmente llamado «las reclamaciones de Alabama» (Alabama Claims), es el primero que se resuelve mediante una acción legal llevada ante un tribunal internacional.

Ilustración del CSS Alabama.

## La política internacional

En el plano internacional, Hamilton Fish y el presidente desean apropiarse de algunas islas del Caribe, en particular, de la isla La Española (actual República Dominicana), para ubicar allí a los esclavos emancipados y favorecer la abolición de la esclavitud en Brasil y en Cuba. Pero el Senado rechaza el tratado de anexión, bien porque teme que la población negra de la Unión aumente, bien porque teme que disminuya el número de naciones soberanas gobernadas por negros en el hemisferio occidental, lo que hace fracasar el proyecto. En 1873, tras el caso del Virginius relativo al control de Cuba, Estados Unidos se ve obligado a pagar indemnizaciones a España, que controlaba el país en ese momento. Por otra parte, el presidente pone a punto algunas acciones para abrir los mercados de Corea y de China, pero se saldan con un fracaso.

Ulysses Simpson Grant también se toma en serio el ocuparse de los amerindios con una política condescendiente, conocida con el nombre de «política de paz» (Peace Policy). Sus objetivos son:

- garantizar su integración en la civilización estadounidense;
- sustituir a los hombres de negocios que desempeñan el papel de intermediarios con las tribus por misionarios y funcionarios;
- reunirlos en reservas supervisadas por los blancos.

Asimismo, pone orden en la Oficina de los Nativos Indios y pone a la cabeza de este organismo a un seneca (pueblo amerindio situado en el actual estado de Nueva York) que formaba parte de su Estado Mayor, Ely Samuel Parker (1828-1895). Esta política tiene un éxito relativo, ya que desencadena nuevos conflictos con las tribus, tras la instalación de pioneros blancos y la intensificación de la caza del bisonte. No obstante, la maniobra favorece el avance de la Unión hacia el oeste.

## Economía y primeros escándalos

Durante la guerra de Secesión, se habían emitido grandes cantidades de billetes no convertibles en oro para soportar el esfuerzo de la guerra, pero Ulysses Simpson Grant decide volver a poner orden en esta política monetaria inflacionista y formula el deseo de volver al patrón oro.

En 1869, aprueba el Public Credit Act, que garantiza el reembolso de los bonos del Tesoro en oro y no en billetes. No obstante, dos financieros estadounidenses, Jay Gould (1836-1892) y James Fisk (1835-1872), utilizan el vínculo que tienen con el cuñado del presidente para sugerirle que restrinja la venta de oro y, de esta manera, poder manipular el curso a su favor. Cuando el presidente se entera, decide intervenir, y esto tendrá como consecuencia la caída del curso del oro el 22 de septiembre de 1860, un día llamado Black Friday («viernes negro»), lo que arruina a muchos especuladores. Aun así, Jay Gould y James Fisk se embolsan grandes ganancias y jamás serán juzgados por su manipulación del mercado.

En 1871, el escándalo del Tweed Ring estalla en Nueva York. Se trata de una revelación de tráfico de influencias y de clientelismo en torno a William Magear Tweed (político estadounidense, 1823-1878) que saca a la luz el sistema político de corrupción y de sobornos de la asociación que ayuda a los nuevos inmigrantes, la Tammany Hall.

Un año más tarde, sacude la economía el escándalo del crédito Mobilier, creado para respaldar la construcción de los ferrocarriles de la Union Pacific Railway. Se descubre un sistema de falsas facturas, de corrupción y de financiación oculta, que genera ganancias de un 348 % para sus beneficiarios, dinero que se vuelve a transferir a los cómplices en la compañía ferroviaria y a miembros del Congreso.

## EL SEGUNDO MANDATO (1873-1877)

Aunque Ulysses Simpson Grant se ve debilitado por un primer mandato salpicado de escándalos y de corrupción, se presenta a las elecciones presidenciales de 1872 contra el editor del *New York Tribune*, Horace Greeley (1811-1872), un republicano liberal que también está respaldado por los demócratas. Sale reelegido, esta vez con un 55,6 % de los votos y el apoyo de 286 de los 352 grandes electores.

Ya desde el inicio de su nuevo mandato, Ulysses Simpson Grant hace aprobar la Coinage Act (la «ley sobre la moneda»), lo que pone fin al bimetalismo (convertibilidad de la moneda en dos metales, el oro y la plata) a favor del oro.

El 20 de septiembre de 1873, tras la quiebra del primer banco de Estados Unidos, el Jay Cooke & Co, que ya no lograba vender las acciones y las obligaciones (es decir, las partes de préstamos adquiridos) de la Northern Pacific Railway, y tras sus consecuencias sobre un gran número de empresas, la bolsa de Nueva York debe suspender sus transacciones durante diez días, dando lugar a lo que se llama el «pánico de 1873». El presidente, que está convencido de que el acontecimiento no durará mucho, intenta aun así acabar con él pidiendo a su secretario del Tesoro que inyecte setenta millones de dólares de obligaciones, pero la respuesta no tendrá el efecto deseado y la crisis durará unos años.

A continuación, Ulysses Simpson Grant elige llevar a cabo una política económica inflacionista, algo que agrada a los agricultores y a las clases obreras, pero que cuenta con la oposición de los banqueros del este. No obstante, se ve obligado a dar marcha atrás tras las elecciones de 1874, que resultan desastrosas para los republicanos.

El final de la carrera del presidente se ve ensuciado por nuevos escándalos. Ulysses Simpson Grant descubre que algunos recaudadores de impuestos se han unido a representantes y a responsables de la agencia encargada del recobro, la Internal Revenue Service, con el objetivo de retribuirse de manera desorbitada. Por otra parte, el caso del Whiskey Ring revela que su propio secretario particular, el general Orville Elias Babcock (1835-1884), está implicado en un asunto de fraude en los impuestos especiales. Por consiguiente, es revocado por el presidente.

En 1876 se celebran las elecciones presidenciales en las que Ulysses Simpson Grant desea participar. Sin embargo, desde George Washington (1732-1799), primer presidente de Estados Unidos, la tradición manda que un presidente no acumule más de dos mandatos, lo que todavía sigue vigente en la actualidad. Pero en 1876, esto todavía no es costumbre. Por consiguiente, el Congreso quiere consolidar dicha tradición aprobando una resolución que debería impedir que Ulysses Simpson Grant fuera reelegido, dado que sus mandatos se han visto enturbiados por los escándalos y por la crisis económica.

Entonces, los republicanos designan a un candidato que sea una solución intermedia, el gobernador de Ohio, Rutherford Birchard Hayes (1822-1893), mientras que los demócratas eligen al gobernador del estado de Nueva York, Samuel Jones Tilden (1814-1886). En el momento de las elecciones, las votaciones se ven marcadas por fraudes masivos, en particular en el sur (Carolina del Sur, Florida y Luisiana), lo que anima a Ulysses Simpson Grant a pedir al Congreso que solucione justamente la cuestión por vía legislativa. También envía al ejército a Luisiana y a Carolina del Sur para que mantenga el orden, sin hacer presión a favor de una u otra candidatura. Pero aunque parece que Samuel Jones Tilden ha ganado el voto popular, se ha vuelto imposible desempatar a los dos candidatos, a pesar de la creación de una comisión electoral que se instaura con ese objetivo.

En ese contexto, va tomando forma el Compromiso de 1877, que consiste en un acuerdo informal por el que Rutherford Birchard Hayes puede ser investido presidente. Además de esta designación, el trato también prevé compensaciones materiales sustanciales para los demócratas sudistas: la retirada de todas las tropas federales de los antiguos estados confederados, la nominación de al menos un demócrata del sur en el gabinete de Hayes, la construcción de una segunda vía férrea transcontinental que pase por los estados del sur y una legislación cuyo objetivo es ayudar a la industrialización de la zona. Samuel Jones Tilden se convierte así en el primer candidato a las elecciones presidenciales estadounidenses que gana el voto popular, pero que no resulta elegido.

Este «acuerdo» marca el fin de la reconstrucción. Los estados del sur se apoderan plenamente de su autonomía política, lo que les permite poner a punto una política de segregación racial que durará casi un siglo.

# REPERCUSIONES

Ulysses Simpson Grant, al que a veces se le sitúa entre los peores presidentes de la historia de Estados Unidos y, a veces, se ensalza, deja una herencia que ha sido apreciada de diversas maneras con el paso del tiempo.

Los importantes esfuerzos que efectúa para integrar a los afroamericanos y a los amerindios en la Unión permiten mejorar su condición. No obstante, el Compromiso de 1877, que marca el final del periodo de reconstrucción del sur, se encuentra en la base de la segregación en los antiguos estados confederados, que perdurará hasta los años sesenta. De la misma manera, su política de paz hacia los amerindios no obtiene el éxito deseado y llega a provocar incluso nuevos escándalos.

Aunque tiene la valentía de lanzar políticas «civiles», de tomar ciertas decisiones en cuestiones relativas a la política monetaria para limitar la inflación o, incluso, de intentar reformar la función pública, Ulysses Simpson Grant no se libra de las fuerzas, las tendencias y las circunstancias que lo han llevado al poder. En efecto, durante la época dorada, republicanos y demócratas se ponen de acuerdo en un punto, al menos de manera implícita: no les interesa demasiado verse sometidos a un poder presidencial fuerte en este periodo de crecimiento y de expansión económica que genera muchas posibilidades de enriquecimiento más o menos rápido.

No obstante, la acción de Ulysses Simpson Grant en materia de derechos cívicos termina por dar sus frutos en los años sesenta, tras el freno magistral inducido por el Compromiso de 1877 y por interpretaciones restrictivas de la Corte Suprema.

Aunque, como general, aporta un nuevo estilo de mando, Ulysses Simpson Grant también se ve afectado por valores militares que no siempre se corresponden con la actividad política, como su lealtad casi ciega hacia sus colaboradores y sus seres cercanos, y que lo perjudicarán, sobre todo después de los escándalos que salpican sus dos mandatos.

Todos estos elementos combinados hacen que la presidencia se encuentre considerablemente debilitada. Las elecciones de 1876 y el final del segundo mandato de Ulysses Simpson Grant brindan la oportunidad a las fuerzas no intervencionistas de cobrar ventaja, lo que abre una época de «presidentes olvidables» y de productivismo industrial.

No obstante, su dinamismo y sus intervenciones en el extranjero cosechan un cierto número de resultados y marcan los inicios del intervencionismo estadounidense y de las doctrinas imperialistas.

# EN RESUMEN

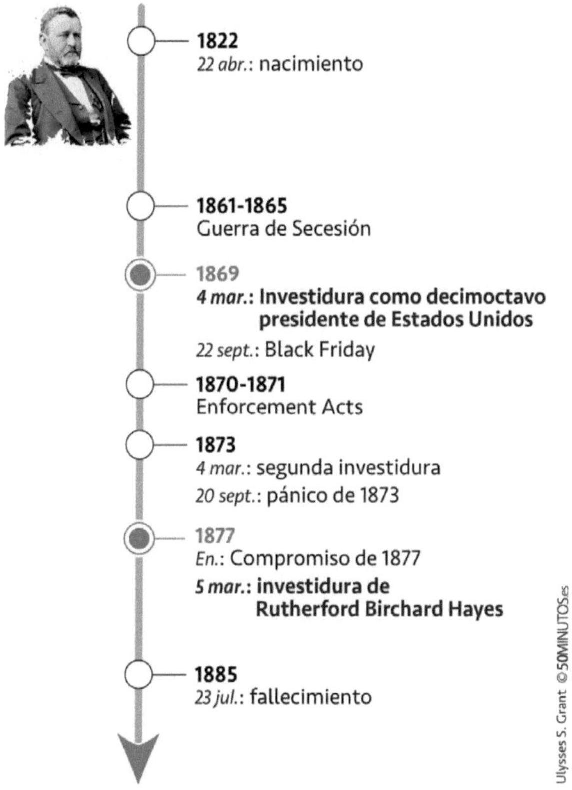



- Ulysses Simpson Grant es un hombre leal e íntegro, sin ambiciones manifiestas, al que los acontecimientos y su estilo de mando lo elevan hasta las más altas funciones militares y políticas.

- En 1863, Abraham Lincoln lo nombra teniente general y comandante de todos los ejércitos de la Unión tras los triunfos que ha cosechado durante ciertas campañas y batallas.
- En 1865, firma la capitulación sudista con el general Robert Edward Lee en Appomatox, lo que marca el final de la guerra de Secesión.
- Tres años más tarde, es elegido presidente con el 52,7 % de los votos y el respaldo de 214 grandes electores contra 80.
- Su primer mandato se ve marcado sobre todo por la lucha contra la inflación, la parálisis política, la corrupción y los escándalos, la continuación de la política de reconstrucción del sur, la expansión hacia el oeste, la política de paz con los amerindios y el intervencionismo en política exterior.
- Por su parte, el segundo mandato se ve empañado por numerosos escándalos que afectan incluso a sus seres cercanos, y está marcado por las dificultades para reformar la función pública y por la crisis que deriva del pánico de 1873.
- En 1876, cuando deben tener lugar nuevas elecciones, Ulysses Simpson Grant no logra obtener la nominación republicana.
- Tras estas votaciones, republicanos y demócratas se ponen de acuerdo para el Compromiso de 1877, que frena la reconstrucción del sur y conlleva una era de segregación racial en los antiguos estados confederados.
- Tras haber vivido nuevos desengaños en los negocios y en política, se va retirando progresivamente de la vida pública e inicia la redacción de sus memorias, centradas

en su carrera militar, que se convierten en una obra fundamental de la literatura estadounidense.
- El 23 de julio de 1885, Ulysses Simpson Grant fallece y recibe los homenajes nacionales.

*¡Tu opinión nos interesa!*
*¡Deja un comentario en la página web de tu librería en línea,*
*y comparte tus favoritos en las redes sociales!*

# PARA IR MÁS ALLÁ

## FUENTES BIBLIOGRÁFICAS


- Cook, John. 2002. "Grant — The Uncaring Drunken Butcher?". *American Civil War Round Table NSW Chapter*.
- Fritz, Henry E. 1959. "The Manking of Grant's Peace Policy". *The Chronicles of Oklahoma*, vol. 37, n.º 4, 411-432.
- Grant, Ulysses Simpson. 1885-86. *Personal Memoirs of U. S. Grant*. Nueva York: C. L. Webster.
- Grant, Ulysses Simpson. "Lettre d'Ulysses S. Grant à Elihu B. Washburne. 23 juin 1864". *Grant Papers*, XI, 122.
- Joens, David. 2004/2005. "Ulysses S. Grant, Illinois and the Election of 1880". *Journal of the Illinois State Historical Society, University of Illinois Press*, vol. 97, n.º 4, 310-330.
- Meilinger, Philipp S. 2010. "Soldiers and Politics: Exposing Some Myths". *Parameters*, 74-86.
- McFeely, William S. 1981. *Grant. A Biography*. Nueva York: W. W. Norton & Co.
- Oseid, Julie A. 2012. "The Power of Clarity: Ulysses S. Grant as a Model of Writing 'So That There Could Be No More Mistaking It'". *Legal Communication & Rhetoric*, vol. 9, 49-80.
- Simon, John Y. 1986. "Ulysses S. Grant One Hundred Years Later". *Illinois Historical Journal*, vol. 79, 245-256.
- Simpson, Brooks D. 1988. "Ulysses S. Grant and the Failure of Reconciliation". *Illinois Historical Journal*, vol. 81, 269-282.
- Stephens, Alexander H. 1868-70. *A Constitutional View*

*of the Late War Between the States: Its Causes, Character, Conduct and Results, Presented in a Series of Colloquies at Liberty Hall*. Filadelfia: National Pub Co.
- Sullivan, Jack. 2007. "Ulysses S. Grant. His Whiskey History". *Bottles and Extras*, 59-61.
- Waugh, Joan. 2009. "History Reconstructed. Moving beyond a caricature of Ulysses S. Grant". *Hintington Frontiers*, 8-13.

## FUENTES ICONOGRÁFICAS

- Retrato de Ulysses S. Grant. La imagen reproducida está libre de derechos.
- Ilustración de la batalla de Monterrey, en 1846. La imagen reproducida está libre de derechos.
- Ilustración de la batalla de Vicksburg, en 1863. La imagen reproducida está libre de derechos.
- Imagen de miembros del Ku Klux Klan vestidos con los típicos trajes que llevaban y quemando una cruz. La imagen reproducida está libre de derechos.
- Ilustración del CSS Alabama. La imagen reproducida está libre de derechos.

## MUSEOS Y EDIFICIOS CONMEMORATIVOS

- Ulysses S. Grant Memorial, situado frente al Capitolio de Washington, Estados Unidos.
- General Grant National Memorial, en Morningside Heights, Manhattan (Estados Unidos).
- Ulysses S. Grant Presidential Library, biblioteca situada en la Universidad de Misisipi, Estados Unidos.

- Ulysses S. Grant National Historic site, situado en San Luis, Misuri (Estados Unidos).

en50MINUTOS.es
Historia
Economía y empresa
Coaching
Book Review
Salud y bienestar
EL DIAGRAMA DE ISHIKAWA
Material  Método  Máquina
Madre Naturaleza  Medida  Hombres
LA GUERRA DE PALESTINA DE 1948
DOMINA EL ARTE DEL NETWORKING